Der Lauf der Dinge

Juliane Fritz

Gedichtsammlung

Bibliografische Information der Deutschen Nationalbibliothek:
Die Deutsche Nationalbibliothek verzeichnet diese Publikation
in der Deutschen Nationalbibliografie; detaillierte
bibliografische Daten sind im Internet über dnb.dnb.de
abrufbar.

Verlag:
BoD · Books on Demand GmbH, In de Tarpen 42,
22848 Norderstedt, bod@bod.de
Druck:
Libri Plureos GmbH, Friedensallee 273,
22763 Hamburg

ISBN: 978-3-7693-0022-2

Inhalt

Frühjahr

Spaziergang

Leise Schritte

Dem (Alltags-)Staub weg waschen

Auf einen frischen Wind bauen

Rot & gelb

Knarzen vom Regenschirm

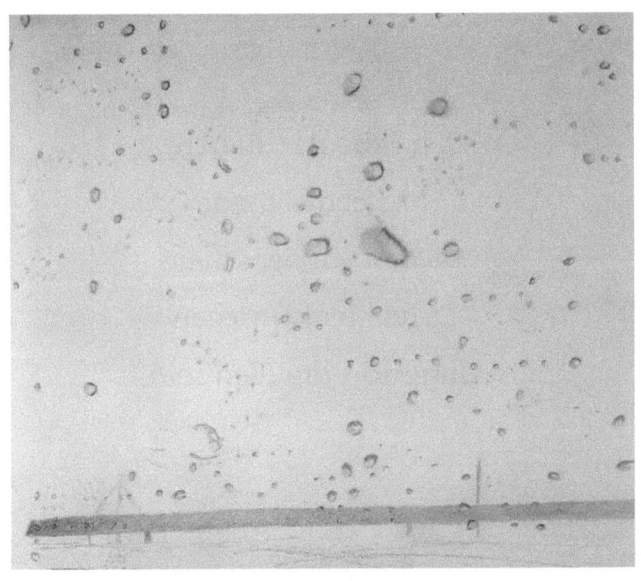

3

Ich liebe den Regen

Manchmal mehr

Als den Sonnenschein

Denn hier kann man

Ungestört draußen sein

Ich setze mich

Zur Bachstelze

Auf die Bank

Im Sonnenlicht

Des kalten Frühlingstags

Und träume

Von Wärme und weichem Gras

Bunte Knospen

Vom Magnolienbaum

Darüber leere Äste

Eine Taube sitzt auf einem

Momente im Hier und Jetzt,

Mit dem Fahrrad durch den Regen

Sause schnell

Den Blick erhoben zum Himmel

Ganz hell

Unterwegs im Mai

Ein Moment nur für mich

Nicht still

Aber mit sanftem Sonnenlicht

Dem letzten Schein

Blassrosa

Rauchschwaden in Sicht

Wasser oder Smog?

Man weiß es nicht

Heute war ein Sommertag in Ferne

Ein Tag

Wie sonst

Aber man spürt die erste Sonnenwärme

Tulpen im Fenster

Gelächter im Haus

Der Geruch nach Feuer

Und alte Freunde

Die zu Fremden wurden

Sommerzeit

Auf ans Meer

Entlang der Sommerbrise

Leben prickelnd wie Champagner

Leicht wie eine einzelne Wolke

Am rosa Himmel

Sonnenuntergangsgeflüster

Zweisamkeit der Weinflaschen
In der Kühle
Des Kühlschranks
Oder Sees
Grillenmusik
Unter orange-roten Laternen
Und ganz viel Liebe

Sorgenfrei

Leben sorgefrei und gelassen
Wenn die Musik
Durch dich pulsiert
Im Gleichklang mit dem Herzschlag

Untergehen

In der Wiese

Oder im Blättergrün

Der hohen Wipfel

Ein Rosenblatt im dunkeln Fluss

Sonnenstrahlen verfangen im Geäst

Schnee im Sommer und Funkeln überall

Die Luft steht still

Zu fremder Musik

Tanzen die Schmetterlinge

Schwarz wie die Nacht

In der glühenden Abendsonne

Ob sie an etwas denken

Wenn sie sich so erheben?

Du hältst Töne in den Händen,

Ganz leicht nur

Ein Windhauch weht sie davon

Wo sie in Kreisen verfliegen

An einem Sommertag

Im taufeuchten Lindenschatten

Silber leuchtet der Mond

Beim Untergehen,

Fallend in die Tiefe

Lass sie uns fangen

In Einmachgläsern

Ein Hauch von Regen liegt in der Luft

Es ist schön

Was meinst du?

Das Leben

Wenn die Sonne scheint

Wenn Fenster leuchten

Und der Himmel ganz blau strahlt.

Ja das ist schön

Aber was ist mit den Regentagen?

Herbstgefühle im späten August

Schon gestern bei dem Regenguss

Vor Abendrot

Eingehüllt in Wolkenschwaden

Spiegeln sich verspielt die Lichter

Und es wurde langsam finster

Herbstgeflüster

Stille Herbsttage

Morgenfrische

Leise raschelnder Wind

Nur einzelne Vogelrufe

Und drei Raben

Die über den Himmel ziehen

(Dafür lebe ich)

Zugfahrt II

Von sonnenbeschienenen Städten
Zu grauen Dörfern
Der Regen beginnt
Vorbeiziehende Landschaften
Zu tränken

Wohin gehst du?

Nach draußen. Brauchst du etwas?

Bring den Geruch von Regen mit

Die Bäume sagen der Herbst beginnt

Aber es gibt noch Gärten

In denen liegt frisches

Oder vergessenes Heu

Da riecht es nach Sommer

Mancherorts fällt schon das letzte Blatt
Gesellt sich zu unzähligen vor ihm
Einst bunt und voller Leben
Jetzt braun und welk

Während anderswo Rosen in voller Blüte
stehen
Und sommergelbe Blumen
Zur Nachmittagssonne erwachen
Als hätten sie die Zeit vergessen

Der Tag endet um sechs

Aber du bist wach bis

Spät

Und du fühlst dich

Komisch

In diesem Moment

Und du bist nicht bereit

Für den Winter

Nur für die Tage

Voller Sonne

Müde

Beide

Letzte Sonnenstrahlen

Am warmen Oktobertag

Mittagschlaf

Im Gras

Gerade nicht mehr

Tau- oder regenfeucht

Leute kommen vorbei

An unserem wilden Garten

Und wir liegen

Einfach hier

In unserem Sommertraum

Gedankenfrühling

Die letzte Brombeerblüte
Die im goldenen Oktober erblüht
Ein Gefühl von Frühsommer
Zwischen orangeroten Blättern

Der Himmel ist grau

Aber manchmal

Da scheint die Sonne

Leuchtend durch die bunten Blätter

Und du siehst Farben

Die Wärme versprechen

Du hörst sie Rascheln

Knistern

Wenn sie zu Boden fallen

Du läufst durch einen Wald

Und plötzlich endet der Weg

Du siehst den Pfad nicht mehr

Weil er von Sträuchern verschluckt wurde

Aber

Du siehst das erste Mal die Blätter

Um dich herum

Die Farben

Riechst das Harz

Den Tau

der noch immer den Boden bedeckt

Ist es nicht schön?

Oder

Du schiebst die Blätter beiseite

Tauchst ein in das Grün

Die Welt

Hinter deinem Horizont

Du warst hier noch nie

Aber du weißt

Es geht weiter

Wer braucht schon einen gemachten Weg?

Oder

Du drehst dich um

Gehst zurück

Und wartest

Worauf?

Auf zu neuen Wegen

Verschlungen in der Alltäglichkeit

Unter Bäumen

So bunt wie der Tod

Vereinzelt licht

Schon ruhend

Wartend auf den Schnee

Hier hörst du sie flüstern

Wenn sie wiegend ihr neues Heim beziehen

Erzählen die Blätter

Vom Leben ihres Baumes

Ich bin verliebt
In die kleinen Dinge

Die Lichter der Brücke
Die sich in der blauen Stunde
Im Flusswasser spiegeln

Das blaue Fahrrad
Das noch am gleichen Ort
Wie letztes Mal steht

Die Dinge
Die ich das erste Mal sehe
Wie die Uhr am Bahnhof hell

Die Blätter
Die Rascheln
Unter meinen Füßen

Blätterhaufen überall

Selbst da wo keine Bäume stehen

Bunter als jeder Blumenstrauß

Leuchtet der Herbst

In Farben getränkt vom Regen

Vor grauen Wolken

Endlos am Himmel

Bis die Nacht beginnt

Und alles schwarz wird

Blätter im Fluss

Sie wirbeln herum

Tanzen

Einige gehen unter

Folgen dem Strom

In eine bestimmte Richtung

Irgendwann werden sie angespült

Liegen auf Haufen

Und zerfallen am Ende

Bunter Horizont

Gestreift in Farben

Des Morgengrauens

Lila, hell, orange

Blätter die fallen

Schwarz

Vor dem noch dunklen Himmel

Jetzt gelb

Eine raschelnde Farbenpracht

Unter meinen Füßen

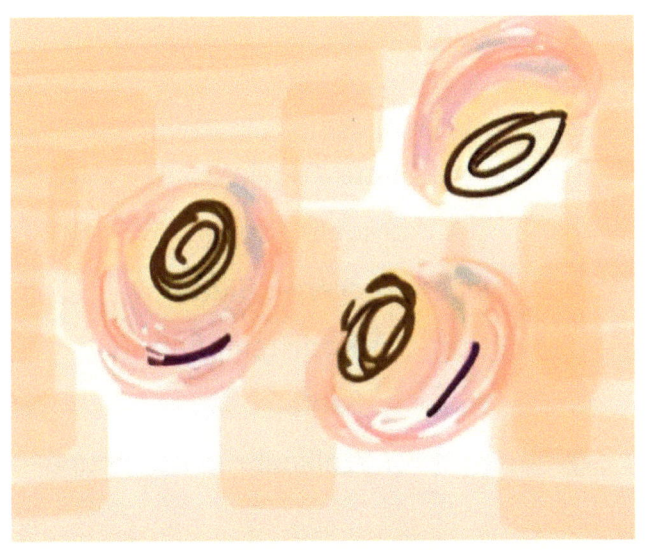

Glatte Kugeln

Auf grauem Asphalt

Neben trockenen Blättern

In Ritzen des Kopfsteinpflasters

Sanft

Schimmernd vor Wolkenbruchstimmung

Der Himmel

Mit tausend sich aufbäumenden Wolken

Jede erdenkliche Graumischung

Findet sich hier

Das Weiß und Schwarz

Des Farbkastens

Sind bis zum letzten Krümel

Aufgebraucht

Gemeinsam

Vor der Kälte

Fliehen wir

In die Wärme

Zwischen den Bücherscharen

Eine Gemeinschaft

Und ich schaue

Raus aufs Wasser

Weiße Schaumkronen

Ziehen vorbei

Die Schwärme

Ziehen wieder

In den Süden

Neuformieren

Zum Grauwerden

Des Himmels

Und

Heim fliegen

Aufgescheucht in

Der blauen Stunde

Überall in der Stadt

Steigt Dampf aus dem Boden

Während alles von Regen getränkt

In Wassermassen platscht

Eine Fahrt

Für mich allein

Durch die Herbstlandschaft

Mit Regengeräuschen

An der Busfensterscheibe

Die vorhin glaub ich

Noch beschlagen war

Von all den Menschen

Verschwinden der Farben

Ersetzt durch Grau

Leere Äste

Verschluckt vom Novemberhimmel

Der Herbst hat sich festgesetzt

Auch wenn schon weiße Federn

Aus Schneeflocken fallen

Kämpft der November noch um sein Grau

Tropfender Regen

Im Wind zitternde Schiefern

Und alles ist still

Winterillusionen

Sonne im Gesicht

Wärme da wo keine ist

Riechst du schon den Schnee?

Viel beschäftigt

Zeitlos und müde

Wann sehe ich endlich die Sonne wieder?

Oder wann schneit es

Sodass alles weiß ist?

Schwarze Bäume

Am Wegesrand

Sterne halb versteckt

Hinter Wolken

Sag wünscht du dir etwas?

Oder reicht

Das Tanzen in der Menge

Alleine nicht

Still

Wir beide

Dafür Kirchengeläut

Gedämpft

Die Welt

Als wäre die erste Flocke gefallen

Und wir

Stapfen durch das Weiß

Am Abend

Weihnachtslieder

Essen fein

In der Menge gemeinsam sein

Heißer Ofen hier im Dunkeln

Nacht voller Sternenlichtgefunkel

Alle sind wir gemeinsam hier

Christbaum mal vier

Halten wir uns gemeinsam wach

Töne

Essen und Gesang

Neben Radiokrach

Der Tag nach dem Diesig

Klänge aus aller Welt
Die im Weltall erklingen
Schwingende Töne
Die unter neuen Bildern halluzinieren
Bücherstädte
Gefangen in Seiten
Schnee auf Straßen
Glaskugelähnlich

Schneetreiben

Schneeflocken die aus der Schwärze fallen
Ohne Anfang
Plötzlich einfach da
Und dann sind sie auch schon wieder weg

(Meine Gedanken fühlen sich genauso an)

Wann hast du das letzte Mal die Sterne
gesehen?
Vor Monaten, Wochen, Jahren?
Wer weiß schon wie spät es ist
Wie viel Zeit vergangen ist
Aber heute blitzen zwei
Über den Schneeresten
Vom ersten Winter
Der vorbei war
Bevor er begann

Der Schnee ist (fast) weg

Wieder

Geschmolzen durch kleine Regentropfen

Und ich bin müde

Aber renne doch

Den Berg hinunter

Fliege fast

Wäre da nicht der Rucksack

Schwer bepackt

Ich ging spazieren

Und kam mit Erde an den Fingern zurück

Töne, die nachhallen

(Im) Brausen der Autos

Hab Stille gefunden

Trotzdem

Frühlingsduft und gelbe Blümchen

An diesem grauen Januartag

Davongeschwemmt

Der Fluss

Sich ständig ändernde Muster,

Wellen und Strömungen,

Spiegelglatt und gleichzeitig voller
Bewegung

Kein Moment wie der davor

Lebendig ohne Halt

Am Strand

Schallend die Wellen

Hallend verschwimmt das Grau

Spannung vor dem Sturm

So laut, dass die Ohren klingeln

Eine Sinfonie aus Rauschen

Siehst du die Blumen?

Sie tanzen im Wasser,

Falsch rum zwar,

Aber wen stört das?

Unruhe, Aufruhe

In der Stille

Sogar der Teich

Ist nicht glatt wie ein Spiegel

Tanzende Bäume

Im grünen See

Zu Regenmelodie

Alles ist temporär

Wie der grüne Fluss der vorbeiströmt

Eine leere Wohnung

Voller Erinnerungen

Verschwimmend

Unter Wasser gesetzt

Bis alles neu ist

Und nicht mehr wir hier sitzen

Lachen und trinken

Sondern irgendwer

Nacht

Nacht komm doch herein

Durchs weit offene Fenster

Bring die Trompeten und Sommergelächter

In die gute Stube

Bleib ein wenig

Und lad mich zum Tanzen ein

Und wenn ich die Fenster schließe

Dann gehe nicht

Hör den violetten Blues

Der durch das Zimmer hallt

Und dich erinnert an alte Zeiten

Loderndes Funkeln

Schwingendes Gelächter

Eine muntere Runde

Unter gelben Safranhimmel

Nachts, wenn die Sterne leuchten

Die ganze Nacht klingt

Im Glockenklang

Ein mystischer Ton

Ein Summen ganz stumm

Zeitreise

In eine Zeit voller Musik,
Stummen Tänzen und
Leiser Harmonie,
Wo man sich einfach gut fühlt
Und die Nacht nicht so dunkel erscheint
Weil alles getaucht ist
In oranges Licht

Seltsame Nacht, so leise wie nie

Voller Lichter und funkelnder Sterne,

Die hier nicht her gehören zu scheinen.

Gedämpfte Stimmung hinter dem

Goldfischglas

Vielleicht ist davor so viel,

Aber nichts durchdringt den Schleier.

Wohin auch, alles dreht sich im Kreis,

Verliert den Sinn

Und alles wird nichts.

(Eine Karawane aus Lichtern zieht über den

Himmel)

Wir leben am Tag, weil es hell ist

Aber lass uns doch nachts leben,

Wenn man Sterne und Galaxien sieht

Das ganze Universum steht offen

Wird nicht verdeckt durch das Licht

Oder Graue Schleier

Befreit von der Glaskugel

Es erscheint so weit weg,

Aber eigentlich sind wir mittendrin

Ein unendlich kleiner Teil von vielen,

Die die Leere bevölkern

Nur hat man am Tag noch dieselben
Träume?

Nachhauseweg

Einsame Nachtgestalten

Auf dem Weg

Wer weiß wohin

Über funkelndes Wasser

Vorbei an blau leuchtenden Häusern

In einer leeren Stadt

Durch deren Straßen

Die Träume ziehen

Der Mond in Tansania

Lächelt einen an

Wie die Grinsekatze

Aus dem Wunderland -

Es ist auch Wunder

Wie wenig man über die Welt weiß

Nordlichter

Über den Straßen
Und dem zugefrorenen See
Heute gemächlich
Flackern manchmal
Rentiere
Eisbären
Oder
Tanzende
Über den Himmel
In Wolkenweiß
Blassgrün
Und
Rosaorange

Drei Monde

Einer prall und gelb

Einer in rosa Zuckerwatte gebettet

Und einer weiß erstrahlend

Über den Lichtern der Stadt

Blinkend zwischen Ästen

Nur die Burg macht

Konkurrenz, über den Wipfeln

Aus denen Trompeten

Erklangen

Brodelnde Nacht

Aus Schatten gemacht
In Getümmel getaucht
Durch Schnee
Und
Durch Rauch
Langsam verblassend
Stille verlassend

Leuchtende Farben

Getanzt, gehört und geschaut

Ein Feuerwerk aus Regenbögen

Glitzernd und funkelnd

Ein lärmendes Dunkel

Wie von Sinnen

?¿

Es war gestern.

War es gestern?

Oder wird es doch erst morgen sein?

Übermorgen?

Oder heute?

Stille

Stille ist leise, sie plätschert

Stille ist leise, sie knarzt

Stille ist leise, sie brummt

Stille ist leise, sie atmet

Stille ist laut, wie eine Ahnung

Punkt

Wortlos ohne Worte

Eine Mauer aus Stille

In der Menschenmenge allein

Berührung im Herzen

Durch Chaos und Töne

Die Musik wurden

Ohne Harmonie und doch bewegend

Haltend ohne Halt

Ein Gefühl

Wenn das Chaos dich Aufnimmt

Klangraum aus Stille

Ein Ensemble sondergleichen

Unverständlich verständlich

Stille gefüllt mit Präsenz

Tönen, Geklimper und Dröhnen

Weiße Kapelle schwarze Gestalten

6 an der Zahl

Bewegen sich durch den Raum

Unverständlich verständlich

Was sie sagen

Wer hört mich

Wenn ich schreie

Schönheit ist der Beginn des Schrecklichen

Erschrecken & Furcht

Langeweile & Müdigkeit

Sehe ich auf den Gesichtern

In der Kapelle

Lang gezogen(es)

Unwohlsein einiger

Wenn die Töne zu schrill werden

Verständlich unverständlich

Was der Tisch bedeutet

Was geschrieben wird

Eifrig, als gäbe es

Kein Morgen

Was die Ausbrüche heißen

Was gesagt wurde

Am anderen Ende des Raumes

Ich habe sie nur flüstern hören

Die die von Liebenden

Und Bäumen sprachen

Aber ich hatte Gänsehaut

Und habe laut geklatscht am Ende

Garden of Humanität

Den die Gießkanne

Mit Liebe wässert

Aber nur einzelne Blumen

Lugen hervor

Gelb, rosa, blau

Schemen im Nebel

Verschwindet

Die Menschheit

Hinter den Farben

Die sie sich gibt?

Fenster

Ausschnitt

Vom Himmel

Blauer Horizont

Zwischen pastellenen Wolken

Nur ein Ausschnitt

Erst mit einem Schritt

Näher dran

Die Rahmung vom Fenster

Fast unsichtbar

Was sieht man (nicht)?

Wie kann man Licht beschreiben?

Wenn es in Farben leuchtet

Tanzt zu Musik

Pulsiert

Sich ändert

Und mit Geräuschen

Gänsehaut über dich jagt?

Knistern

Knacken

Aus und An

Bis man weiter

Denken kann

Am Feuer sitzen

Auftauen

Von Menschen

Umarmungen

Verstehen

Zuhören

Ruhe im Sturm

Aufwachen & Argumente raushauen

Im Morgengefecht

Dabei unterschreiben wir doch oft

Dieselben Dinge

Worte

Ungedacht und schon wieder Vergessen

Bilder

Gesehen nur im Traum

Lieder

Gespielt ohne Melodie

Grüße aus dem Nichts

Woher kommt das Gefühl

Unbeschreibbar

Losgelöst zu sein

Von mir

Von dir

Von der Welt

Von meinem Kopf

Und den Gedanken darin?

Ich verstehe mich selbst

Nicht ganz

Bin ich fehl am Platz

Oder fehlt nur der rechte Platz?

Amnesia

Alles vergessen

In der Seifenblase

Vorbei an dunklen Ecken und Kanten

Wie Glasscherben

Verschlossenen Türen

Und Blumen davor

Schleierworte

Eine Fata Morgana

Unfassbar

Ohne Bedeutung

Grün hinter Fenstern
Und
Gitterstäben
Oder halb verdorrt
Weit weg
Dafür im Herzen
Und
Anderen Straßen

Paläste aus Silber und Gold

Nicht echt aber immer da

Hohe Zäune

Draußen die Angst

Ausgesperrt, vergessen

Bis ein kleines Tor geöffnet wird

Und der sichere Hafen zu sinken droht

Das Leben hat keine Pointe

Aus einem Traum

Es ist wie mit einem Heißluftballon zu

fliegen

Irgendwann wirst du zu schwer

Und musst wieder landen

Das ist jedes Mal ein kleiner Tod

Und plötzlich bist du weg

Und du weißt gar nicht wieso

Oder wo

Du weißt gar nichts

Verschwunden im Nebel

Verschluckt die Welt

Nimm mich mit ins Nichts

Im Nebel

Im Nebel

Meines Unterbewusstseins

Gehe ich durch halb vertraute Straßen

Und fühle so wenig

Farblos, hell, voll

Wie gelähmt

Mit einer anderen Uhr als der Rest

Sekunden verstreichen

Immer schneller

Nicht haltbar

Rutschen sie mir durch die Finger

Ich will so gerne

An

Halten

Eine Sekunde wirkt wie eine Stunde

Und eine Stunde wirkt wie eine Sekunde.

Alles ist durcheinander im Kopf

Da sind so viele Dinge die getan werden

müssen

Aber eigentlich ist nichts wichtig.

Alles wiederholt sich immer und immer

wieder

oder ist alles neu?

Ich warte und warte

und weiß eigentlich gar nicht worauf.

Sofort lenke ich mich ab

Wenn der Gedanke erscheint

Nichts zu tun

Zu warten

Worauf?

Wenn der Tag vorbeizieht

Mit Normalitätsgrau

Dabei will ich doch lieber

Taubengrau sein

Blaugrau

Himmelgrau

Hinter jeder Ecke ein Lächeln sehen

Grün umschlungen von Efeuranken

Aufgabenlos

Heimatlos

Und deshalb irgendwie sinnlos

Reise ich zeitlos

Hin und zurück

Wohin willst du gehen?

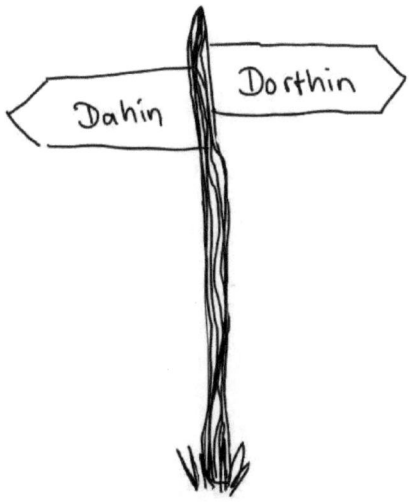

Zugfahrt I

Seltsame Gestalten

Leute die verschwinden

Einfach so vom Gleis

Ein Ruckeln

Lichter, die klein werden

Kopf voller Musik

Und Worte aus Büchern

Eine sinnlose Aneinanderreihung

Von Gedanken

Die Uhr tickt

Wohin?

Einfach den Streifen hinterher

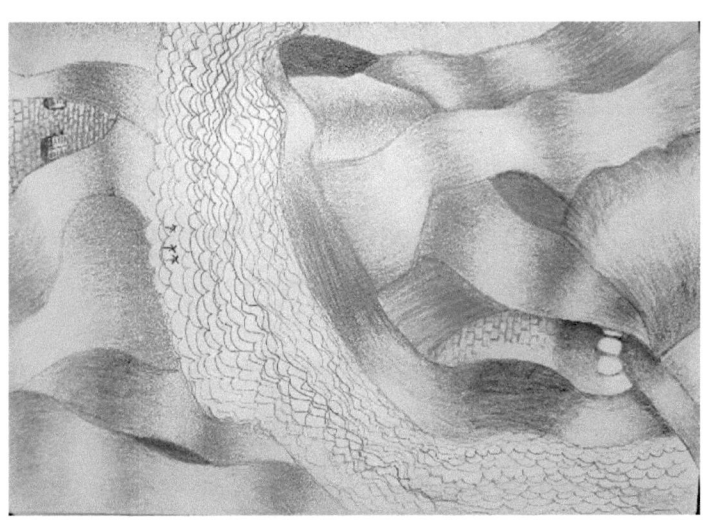

Der Strand am Bahnhof

Ein roter Zug fährt vorbei

Mit einem Schwarm von Personen

Die alle irgendwohin wollen

Und von irgendwoher kommen

Lass uns alles vergessen

Am Strand ohne Meer

Tauch ein und werde einer von vielen

Irgendjemand

Hör das Rauschen der weit entfernten Orte

Und folge der Strömung

Die Wellen bringen dich

Zurück zum trockenen Sand

Eingerahmt von hohen Häusern

Und Grau

Kannst du den Sonnenuntergang

Hinter der Brücke sehen?

Ein bisschen schief,

Ein bisschen krumm

So laufe ich in der Gegend rum

Aber nur wenn man

So geht sieht man

Die Blumen

Den Himmel

Kobaltblau

Ohne Angst hinein ins Dunkle

Nur hier leuchten die Sterne

Wenn man einmal da ist

Scheint es viel heller

Selbst wenn die Konturen verschwimmen

Führt der Weg einen sicher zurück

Schreitend über den Gehweg

Durch dunkle Gassen

Leuchtend nur von lila-grünem Schimmer

Ein Berg aus alten Tannen

Neues Grün

Bis zum Feuer

Die Stadt summt

Überall ist etwas zu hören

Ein kurzer Ausschnitt durchs Fenster

Ins Leben einer anderen Person

Meine Schritte wackeln über den Gehsteig

Nur eine Silhouette

Angestrahlt vom Licht des Autos

Das ratternd vorbei zieht

In der Ferne

Brausen vom Fluss